MGR GAUTHIER

ET

LE VICARIAT DU TONG-KING MÉRIDIONAL

LONS-LE-SAUNIER
IMPRIMERIE J. MAYET ET Cie
20, rue Saint-Désiré, 20
1879

Mgr GAUTHIER

ET

LE VICARIAT DU TONG-KING MÉRIDIONAL

LONS-LE-SAUNIER
IMPRIMERIE J. MAYET ET Cie
20, rue Saint-Désiré, 20
1879

M. JEAN-DENIS GAUTHIER

Évêque d'Emmaüs

VICAIRE APOSTOLIQUE AU TONG-KING MÉRIDIONAL

Mgr GAUTHIER

ET LE VICARIAT APOSTOLIQUE DU TONG-KING MÉRIDIONAL

NOTICE SUR Mgr GAUTHIER

Mgr Jean-Denis Gauthier, premier vicaire apostolique du Tong-King méridional, était né à Montaigu, près de Lons-le-Saunier [diocèse de Saint-Claude], le 13 novembre 1810. Il entra diacre au séminaire des Missions-Etrangères le 30 août 1833 (1), fut ordonné prêtre l'année suivante, et partit le 15 mars 1846 pour le Tong-King occidental, où il arriva heureusement dans les premiers jours de 1836.

I

Les missions annamites venaient d'entrer dans l'ère sanglante des persécutions, qui devait durer plus de quarante ans. Peu soucieux de marcher sur les traces de son père Gia-Laong, à qui Mgr d'Adran avait rendu de si éminents services, Migne-Mang [Minh-Menh], venait de faire paraître [1833] un édit de persécution générale, et le sang chrétien avait déjà commencé à couler. Voici en quels termes, dans une lettre du 15 avril 1836, Mgr Retord, alors simple missionnaire, résumait la situation de l'Eglise anamite et décrivait avec son âme de feu l'arène ouverte devant les apôtres

(1) Mgr Gauthier avait fait son séminaire à Lons-le-Saunier, où il reçut la tonsure cléricale le 16 juin 1832, fut fait sous-Diacre le 1er juin 1833 et ordonné diacre le 29 juin de la même année, en la solennité des SS. Apôtres Pierre et Paul.

qu'il conviait à venir prendre part au glorieux combat des athlètes de Jésus-Christ : « Voilà comme la vie des missionnaires s'en va vite. Ils passent comme le messager qui porte à pas rapides des nouvelles pressantes, comme la flèche qui fend l'air et tend à son but ; mais ce but, c'est l'éternité !.... Un prêtre annamite a eu la tête tanchée ; M. Gagelin a été étranglé ; le P. Odorico est mort en exil ; M. Rouge a succombé sur les montagnes ; M. Jaccard meurt lentement dans un cachot ; M. Marchand !!!... Et voilà, je le répète, comme les missionnaires passent vite !... Quels sont les hommes hardis qui viendront maintenant pour les remplacer ; pour remplir, comme dans un jour de bataille, les vides de ceux qui tombent, et pour combattre avec ceux qui restent ? Oh ! qu'il nous vienne donc de France des athlètes robustes, fervents et courageux ; ils trouveront du travail ici, et un terrain immense à défricher ; ici, des travaux, des fatigues, des croix, des périls et aussi la mort ; mais, qu'est-ce tout cela quand il s'agit de gagner des âmes ! (1) »

La carrière du nouvel apôtre du Tong-King ne fut pas en désaccord avec ce programme. Il se vit dès le début condamné à mener une vie de privations et de retraite ; et, malgré toutes les précautions que la prudence lui fit employer, il faillit tomber plusieurs fois entre les mains des persécuteurs, pendant les premiers mois de son séjour en ce pays ; ce ne fut même que par une protection toute spéciale de la Providence qu'il parvint à se dérober à leurs poursuites. Malgré les dangers de toute sorte qui l'environnaient et les alarmes continuelles auxquelles il se trouvait exposé, plus encore que ses autres confrères, à cause de sa haute taille qui pouvait facilement le faire reconnaître, il apprit rapidement la langue annamite, et fut bientôt à même de rendre à la mission des services importants dans le district qui lui fut confié, tant en relevant la ferveur des chrétiens par l'administration des sacrements, qu'en soutenant le courage des confesseurs de la foi.

Ses premières lettres, qui ne sont le plus souvent que des nomenclatures de désastres et ne renferment presque toutes que des actes de martyrs, reflètent en même temps le calme de son âme et le désir ardent qu'il avait dès lors de verser son sang pour Jésus-Christ. « Avec la grâce de Dieu, écrivait-il à un de ses confrères, nous ne craignons pas beaucoup. Je suis sûr que la crainte, la tristesse et l'ennui trouvent plus d'obstacles pour pénétrer dans nos réduits, que pour se placer sur le trône du tyran, malgré les mil-

1 *Annales de la Propagation de la Foi*, t. X, p. 302.

liers de soldats qui le gardent; en cela rien d'étonnant : car le roi, ce sont des hommes qui le gardent, mais le missionnaire, c'est le bon Dieu qui veille à l'entrée de sa tannière ! *Si Deus pro nobis, quis contra nos !* Il me semble que j'entrerais volontiers dans la cage, et que la vue des bourreaux avec toutes leurs tortures serait pour moi un agréable spectacle. Oui ! mon cœur tressaillerait de joie à la vue des haches qui devraient me couper par morceaux ! En vérité, cette promesse du divin Maître : *Qui perdiderit animam suam propter me, salvam faciet illam,* cette promesse est comme un rempart ou viennent se briser toutes les forces de l'enfer. »

Mgr Havard, vicaire apostolique du Tong-King occidental, étant mort en 1838, Mgr Retord prend en main le gouvernement de la mission et se voit obligé de se rendre, à travers mille dangers, jusqu'à Manille, pour y recevoir l'onction épiscopale : car Mgr Delgado et Mgr Hénarès, Dominicains espagnols, venaient de tomber sous les coups du tyran, et il ne restait plus un seul évêque au Tong-King. Ce ne fut qu'en 1841 que Mgr Retord put rentrer dans sa mission. Un de ses premiers actes fut de sacrer d'abord Mgr Hermozilla, vicaire apostolique du Tong-King oriental ; car, pour soutenir les chrétiens dans la foi, il fallait à tout prix remplacer les prêtres, indigènes que la persécution décimait sans cesse, et, pour ordonner des prêtres, il fallait des évêques.

L'année suivante, ne voulant pas exposer sa propre mission à être privée de premier pasteur, si Dieu lui demandait à lui-même le sacrifice de sa vie, il songea à se sacrer un condjuteur, selon la faculté qui lui avait été accordée par le Saint-Siége. Le nombre des ouvriers apostoliques du Tong-King était déjà considérablement amoindri : M. Cornay avait été martyrisé en 1839, Mgr Borie, en 1838, et MM. Charrier, Galy et Berneux languissaient depuis plusieurs mois dans les prisons de la capitale ; il n'y avait, dans la mission que les deux provicaires, MM. Jeantet et Masson travaillant, le premier, depuis 1819, le second, depuis 1834; M. Simonin, dont la vue était déjà presque entièrement perdue; M. Taillandier qui ne faisait que d'arriver, et M. Gauthier, missionnaire depuis six ans. Ce fut sur lui que s'arrêta le choix de Mgr Retord, et ce zélé prélat le motive, dans le journal abrégé de sa mission, en ces termes succints mais significatifs : « Le désir de procurer le bien de la mission, de conserver la paix et l'amitié entre les confrères, et la connaissance de la vertu et des capacités de Mgr Gauthier, ont été les seuls motifs de ma détermination. »

Ce sacre eut lieu sans grande pompe à Kè-Non, au milieu d'un petit concours de fidèles, comme avait lieu sans doute autrefois la consécration des pontifes dans les catacombes. Le nouveau prélat reçut le titre d'évêque d'Emmaüs *in partibus*, et nous ne voyons pas qu'il ait alors choisi de devise.

II

Quatre ans plus tard (1846), jugeant que le Tong-King occidental, en raison du nombre considérable de ses chrétiens, de l'étendue de son territoire, et des difficultés exceptionnelles que la persécution apportait à l'administration générale, ne pouvait que gagner à être divisé; estimant d'ailleurs que son coadjuteur réunissait toutes les qualités nécessaires pour bien diriger une mission, Mgr Retord sépara la partie méridionale et la confia, avec l'autorisation du Saint-Siége, à Mgr Gauthier. Ce nouveau vicariat, qui reçut le nom de Tong-King méridional, comprenait les provinces de Nghé-Ane [Nghé-an], de Ha-Tigne [Ha-Tinh] et une partie de celle de Quouang-Bigne, [Quang-binh] appelée Bò-qhigne (Bo-chinh). Le chiffre de la population s'élevait à environ 66,000 chrétiens, répartis en 19 paroisses administrées par 34 prêtres indigènes.

La vie de Mgr Gauthier, pour avoir été transportée sur un plus vaste théâtre, n'en continua pas moins à être celle d'un proscrit; l'horizon religieux ne faisait que s'assombrir tous les jours davantage. Ce fut avec beaucoup de peine qu'il parvint à faire le tour de sa mission, pour se rendre compte par lui-même des différents besoins de chacune des paroisses confiées désormais à sa sollicitude; et, comprenant qu'il ne pourrait, sans grand danger pour lui et ses ouailles, recommencer de longtemps cette visite, il estima qu'il était indispensoble d'user du privilége reçu de Rome de se choisir un coadjuteur. Ce moyen devait d'ailleurs, tout en lui procurant la facilité de se décharger d'une partie de l'administration, assurer l'avenir de la mission.

Son choix se fixa naturellement sur son provicaire, M. Masson, missionnaire des plus distingués par ses vertus et son expérienee, qui déjà, à plusieurs reprises, avait refusé cet honneur, et qui, depuis vingt-quatre ans, avait toujours travaillé dans les provinces qui composaient la nouvelle mission. Cette fois, la considération du danger toujours croissant l'emporta sur son humilité et triompha de ses répugnances ; et, le 3 octobre 1848, il était sacré évêque de

Laranda. Mais ce vénérable prélat, usé par les fatigues d'un laborieux apostolat plus que par les années, ne put prêter longtemps à son vicaire apostolique son concours si précieux; le 24 juillet 1853, il allait recevoir au ciel la récompense de ses travaux et de ses vertus.

Resté seul, Mgr Gauthier se multiplie et décuple l'ardeur de ses missionnaires. Dans le courant de cette même année 1853, il entreprend une mission chez les sauvages du Trane-Nigne [Tranninh], principauté tributaire de l'Annam et située à douze journées de marches à l'ouest du vicariat. Pendant quatre ans, Mgr Gauthier lutta avec énergie contre les difficultés sans nombre qui s'opposèrent à l'établissement de cette mission. Plusieurs missionnaires et plusieurs prêtres indigènes y furent envoyés successivement M. Colombet succomba le premier, en 1854. En 1856, M. Taillandier, dont les efforts semblaient être sur le point d'être couronnés de succès, y succomba à son tour. La haine des persécuteurs, plutôt que l'insalubrité du climat, fit avorter finalement toutes ces tentatives, et l'on fut obligé d'ajourner, jusqu'à une époque plus propice, un établissement définitif.

Pendant ce temps, la mission du Tong-King méridional, grâce au zèle de son évêque, faisait tous les jours, quoique péniblement, de nouvelles conquêtes sur le paganisme. C'est ainsi que, pendant l'année 1857, le nombre des baptêmes d'adultes ne s'éleva pas à moins de 765.

Et pourtant, dans le cours de cette année, l'ambassade de M. de Montigny ayant échoué dans ses négociations auprès de la cour de Hué, le contre-coup s'en était fait sentir par une recrudescence de fureur contre les chrétiens, et le sang le plus pur et le plus innocent du royaume avait coulé par torrents.

En 1858, une escadre franco-espagnole apparaît dans la baie de Tourane, pour demander à Tu Duc justice de ses cruautés, en même temps que de la violation du droit des gens. A cette nouvelle, les pauvres chrétiens ne purent s'empêcher de tressaillir d'espoir. Tout faisait présager en effet un prompt dénoûment; les puissances coalisées avaient pour elles et la force et le droit, et le gouvernement annamite ne pouvait opposer que peu de résistance. Ces espérances ne devaient pas être néanmoins sitôt réalisées, et Mgr Gauthier qui, pour condescendre au désir de l'amiral Rigault de Genouilly, avait réussi à se rendre auprès de lui, au lieu de ne rester absent que vingt jours, comme il l'avait annoncé à son départ, fut retenu, par la force des circonstances, cinq ans hors de sa mission.

En 1862, un traité de paix est conclu par l'amiral Bonard, entre la France et l'Annam, et la liberté de religion pour les chrétiens annamites est enfin proclamée. Ce n'était qu'une liberté éphémère ; la liberté définitive devait encore s'acheter au prix de très-grands sacrifices.

Lorsque Mgr Gauthier rentra dans sa mission en 1863, elle ne présentait plus qu'un amas de ruines. Les villages chrétiens avaient tous été détruits de fond en comble, et leurs habitants dispersés au milieu des païens ; un grand nombre étaient morts dans les supplices ou par suite des mauvais traitements ; les séminaires n'existaient plus, et le clergé indigène était devenu de beaucoup insuffisant. Le premier soin du vigilant pasteur fut de réparer les désastres. Les villages furent peu à peu réorganisés, des chapelles furent construites, un séminaire fut créé, et les clercs qui avaient confessé la foi furent ordonnés prêtres. Grâce au zèle de son évêque et sous l'influence de la liberté relative dont elle commençait à jouir, la mission reprit bientôt une nouvelle vie ; les païens eux-mêmes ne purent alors retenir leur admiration, en constatant les merveilleux résultats obtenus en si peu de temps.

III

En 1867, Tu Duc envoie une ambassade en France, pour tâcher d'obtenir de l'empereur la rétrocession des trois provinces annamites, qui, depuis le traité de 1862, formaient notre colonie de Cochinchine. Appréciant le grand caractère de Mgr Gauthier et sachant que, malgré toute la haine dont il l'avait poursuivi, il pouvait compter sur son dévouement, Tu Duc prie le vicaire apostolique d'accompagner l'ambassade et de lui ramener des professeurs pour fonder, dans sa capitale, un collége de hautes études. Au mois de juin de la même année, Mgr Gauthier était de retour à Hué avec le personnel et tous les éléments nécessaires pour fonder le nouvel établissement; mais, quoique le roi désirât personnellement voir réaliser ce projet qu'il avait conçu lui-même, la vanité haineuse et jalouse des grands mandarins empêcha sa réussite.

Quelques mois plus tard (1868), Mgr Gauthier rentrait de nouveau dans sa chère mission, qu'il trouvait encore une fois dans la plus grande désolation. Forts de la coupable tolérance du gouverneur de la province, Voo-traongbigne, ennemi juré de notre sainte religion, les lettrés de Nghé-Ane avaient profité du voyage de l'évêque en Europe pour tâcher d'étouffer les germes du christianisme qui prenaient chaque jour de nouveaux accroissements. Déjà quarante chrétientés avaient été livrées aux flammes, et grand nombre de chrétiens cruellement massacrés. La persécution, pour ne pas être officielle, n'en recommençait pas moins avec furie. A ce moment, on crut que la mission allait de nouveau être ruinée. Mgr Gauthier, plus spécialement désigné à la haine des méchants par sa haute position et par les services qu'il avait rendus, se hâta de sacrer un coadjuteur. Mgr Croc reçut, avec le titre d'évêque de Laranda, précédemment porté par Mgr Masson, la belle devise : *In sudore aut sanguine*. Il fallait encore, en effet, bien des sueurs et beaucoup de sang avant d'arriver à l'épanouissement complet de la liberté de religion.

La crise de 1868 était à peine apaisée, qu'une tempête plus formidable encore s'éleva.

Depuis quelque temps [1867], le traité de 1862 avait été annulé par l'annexion de trois nouvelles provinces annamites à la colonie française de Cochinchine. Or, en 1873, un nouveau traité de paix était en voie de négociation entre l'amiral Dupré, alors gouverneur de la Cochinchine, et les ambassadeurs de S. M. Tu Duc, lorsque par un concours de circonstances qu'il n'entre pas dans notre cadre d'expliquer en détails, une expédition française eut lieu au Tong-King. Une poignée de soldats, commandés par Francis Garnier d'illustre mémoire, s'empara en quelques jours de tout le delta formé par le grand fleuve qui arrose cette partie du royaume, c'est-à-dire des cinq provinces les plus riches et les plus populeuses de tout le pays. Pour ne pas compromettre les négociations entamées à Saïgon et qui étaient sur le point d'aboutir, l'ordre fut donné en haut lieu d'abandonner la conquête. L'évacuation fut aussi précipitée que l'occupation avait été rapide et l'on ne prit malheureusement aucune garantie pour sauvegarder les chrétiens qui ne devaient pas manquer d'être compromis à cette occasion. La conséquence inévitable fut le massacre de ces innocents rendus responsables, aux yeux des lettrés, de l'échec infligé à l'honneur national par les Français. Le Tong-King occidental compta les premières victimes, au nombre desquelles on eut à déplorer la perte de plusieurs prêtres indigènes.

Lorsque l'effervescence fut un peu calmée dans cette mission, vint le tour du Tong-King méridional qui était pourtant bien éloigné du théâtre des événements. Les lettrés levèrent une armée de tous les gens sans aveu qu'ils purent recruter et commencèrent les massacres, au mois de février 1874. En quelques jours, plus de 200 chrétientés furent incendiées et environ 2,000 chrétiens étaient égorgés avec des raffinements de barbarie jusqu'alors inconnus. Mgr Gauthier se montra, comme toujours, admirable de dévouement. Appréhendant que cette persécution d'un nouveau genre ne fût l'effet d'uu ordre secret émané de la cour, à dessein de se débarrasser des missionnaires, considérés bien injustement comme les émissaires de la France, il alla, dès les premiers jours, se présenter aux mandarins, leur offrant généreusement sa vie pour qu'ils épargnassent celle de ses néophytes. Les mandarins protestèrent qu'ils étaient étrangers à ces violences, mais déclarèrent en même temps qu'ils étaient impuissants à les réprimer. Quatre chrétientés seulement demeurèrent debout. De toutes parts les proscrits, surtout des femmes et des enfants, se réfugièrent auprès de Mgr Gauthier et se trouvèrent bientôt réunis au nombre de plus de 20,000, sans aucune ressource. Le bon pasteur ne les abandonna pas ; et, après avoir dépensé jusqu'à sa dernière obole pour leur procurer un peu de riz, il contracta un emprunt au nom de la mission. Malgré tous ses efforts, il devait avoir l'extrême douleur d'en voir un grand nombre mourir de misère et de faim dans les montagnes. Enfin la Providence vint à son aide et délivra les chrétiens d'une façon aussi admirable qu'inespérée.

Peu de temps après, le traité de paix fut signé entre la France et l'Annam. A partir de ce moment les chrétiens commencèrent à pouvoir se réorganiser d'une manière à peu près définitive. L'heure de la liberté religieuse avait enfin sonné. Mais les chrétiens revenaient dans leurs foyers, dénués de tout ; en beaucoup d'endroits, les païens s'étaient même emparés des terres sur lesquelles étaient auparavant établis leurs villages. Mgr Gauthier s'employa de tout son pouvoir à faire rendre à ses ouailles, au moins en partie, ce que les persécuteurs leur avaient enlevé. Ses derniers labeurs furent consacrés à cette œuvre de restauration. Il ne devait pas avoir la consolation d'en voir l'entier accomplissement, et ses forces allaient trahir son courage. Dès 1875, sa constitution, exceptionnellement robuste et vigoureuse, était à peu près complètement épuisée.

Il vit venir la mort avec ce calme et cette confiance qu'il témoignait au début de son apostolat, dans ses aspiratious au martyre. « Atteint d'un rhumatisme rebelle à tous les remèdes, écrivait-il en décembre 1875, j'ai beaucoup de peine à marcher et surtout à faire la génuflexion. Cette infirmité et ma soixante-sixième année, dans laquelle je viens d'entrer, m'avertissent que mon heure approche : *Sit nomen Domini benedictum.* »

Dieu lui accorda encore deux années d'une vie languissante qui s'éteignait de jour en jour davantage. Au mois d'août 1877, Mgr Croc écrivait : « Notre vénéré vicaire apostolique est depuis plus d'un an cloué sur son lit de douleur. Dieu sait ce qu'il a souffert avec une patience qui est une leçon pour tous ! »

En même temps Mgr Gauthier, dont l'affection pour le séminaire de Paris n'avait fait que s'accroître avec les années, faisait écrire à un des directeurs. « Mon état actuel est celui d'un malade qui n'attend plus que la mort. Adieu donc, cher Monsieur ; j'en dis autant à M. le Supérieur et à MM. les directeurs. J'envoie aux élèves la bénédiction d'un mourant. »

Cette heure que le prélat attendait depuis si longtemps, avec tant de résignation, et à laquelle il était si bien préparé, arriva enfin, le 8 décembre 1877. Il avait reçu les derniers sacrements avec les sentiments de la foi la plus vive, et avec la sérénité du bon et fidèle serviteur qui commence à entrer en possession de la récompense que lui a promise et réservée son divin Maître. Depuis longtemps il avait témoigné le désir de mourir un samedi, ou bien un jour consacré à Marie. Ses vœux furent doublement exaucés : il mourut un samedi, le jour de l'Immaculée Conception, à une heure et demie du matin, assisté de son coadjuteur, de plusieurs missionnaires et d'un grand nombre de prêtres indigènes. Ses obsèques eurent lieu le 12 décembre, fête de la Translation de la Maison de Lorette, au milieu d'un grand concours de chrétiens. Le corps de Mgr Gauthier repose dans dans le chœur de l'église de Saa-Doaï, du côté de l'épitre, en face du corps de Mgr Masson qui repose du côté de l'évangile.

Durant sa longue administration, Mgr Gauthier a ordonné 80 prêtres indigènes dont 20 ont versé généreusement leur sang pour N. S. J.-C.

En 1846, au moment de sa création, le Tong-King méridional comprenait, comme nous l'avons dit, 19 paroisses desservies par 34 prêtres indigènes, et 66,000 chrétiens. Malgré les persécutions violentes qu'il a eu à essuyer, et dont nous n'avons pu donner qu'un léger aperçu, il compte aujourd'hui 31 paroisses, 54 prêtres indigènes et plus de 71,000 chrétiens. [2] E. C. Lesserteur.

[Extrait des *Missions Catholiques,* 16 mai 1878).

(2) Les *Annales de la Propagation de la Foi* ont publié seize lettres de Mgr Gauthier : t. XIV [1842], p. 276-280 ; t. XVIII, p. 187 ; t. XXV, p.

QUELQUES DÉTAILS INTIMES

SUR Mgr GAUTHIER

Ces détails sont fournis par une lettre que M. T. Frichot, provicaire du Tonkin méridional, en ce moment en France, a adressée à Monseigneur l'Evêque de Saint-Claude, pour le remercier de l'insertion dans la *Semaine Religieuse*, d'un extrait de l'article des *Missions Catholiques*, où ce digne Missionnaire faisait un appel à la Charité des Catholiques de France en faveur du vicariat du Tonkin méridional, si cruellement éprouvé à cette heure.

Voici cette intéressante lettre.

Courtemer [Orne], 31 mai 1879.

Monseigneur,

Qui pourrait vous exprimer la joie dont surabonde mon cœur de missionnaire ! J'ai lu dans la *Semaine religieuse* de votre diocèse l'extrait que Votre Grandeur a emprunté au bulletin des *Missions catholiques* où je faisais connaître l'état du Vicariat apostolique du Tong-King méridional. Daigne Votre Grandeur en agréer mes humbles remerciements au nom de Mgr Croc et de ses missionnaires que cette nouvelle consolera grandement. Les cris déchirants de nos pauvres Annamites mourant de faim et qui par ma bouche font un appel à la charité de leurs frères de France, seront donc entendus et compris. Au reste, je ne m'étonne pas que le diocèse de Saint-Claude s'intéresse à cette mission du Tong-King méridional qui a été presque totalement organisée et rendue florissante par un illustre et saint prélat sorti des rangs de votre clergé. Votre diocèse doit revendiquer, à juste titre, une large part du bien qui a été fait dans ce vicariat. J'ai eu l'honneur insigne de converser familièrement pendant dix ans avec Mgr Gauthier. Vous me permettrez

100-101 ; t. XXVII, p. 30-32 ; t. XXXI, p. 406; t. XXXIII, p. 333-334 ; t. XXXVIII, p. 341-343, 343-344, 344-345 ; . XXXIX, p. 59-61 ; t. XL, p, 439-441 ; t. XLIII, p. 235-237, 238-245; t. LXVI, p. 344-350 ; t. XLVII. p. 335, 338-339. — Les *Missions catholiques* en ont publié dix : t. I [1868], p. 59-60 ; t. II, p. 77, 105-106; t. IV, p. 15 ; t. V, p. 619 ; t. VI, p. 197-198, 233-234, 602-603 ; t. VII, p, 146.

de vous donner sur Sa Grandeur quelques détails inédits et peut-être minutieux. Mais ils vous aideront à comprendre que nous avons perdu dans sa personne le modèle du parfait missionnaire, un guide et un consolateur.

I

Nos prêtres, au nombre de cinquante-un, sont tous, à l'exception de quatre ou cinq, le fruit de ses labeurs. En dehors des missions d'Annam, il est peu de vicariats apostoliques qui possèdent un clergé aussi nombreux que celui du Tong-King méridional. Aussi, en 1875, la Sacrée Congrégation de la Propagande exprima-t-elle à Mgr Gauthier le bonheur qu'elle éprouvait en apprenant qu'au milieu de tant de difficultés il avait pu former tant de prêtres indigènes. S'inspirant de la pensée du Saint-Siége qui recommande le clergé indigène comme une œuvre capitale, Sa Grandeur s'y livrait avec la plus grande ardeur. Il tenait à les former à la piété et à leur enseigner lui-même la théologie. La clarté, la précision présidaient à ses leçons. Il brillait par un jugement exquis et un coup d'œil rarement en défaut. Aussi, dans les questions controversées, prêtres Annamites et missionnaires recouraient-ils à lui avec confiance. La décision ne se faisait pas attendre, appuyée de raisons si solides qu'elles portaient avec elles la conviction.

Mgr Gauthier nous charmait par l'aménité de sa conversation. Sa mémoire était prodigieuse. Ce qu'il avait vu, ce qu'il avait lu une fois, il ne l'oubliait jamais. C'était plaisir de l'entendre si savamment discourir sur un point d'histoire ecclésiastique ou profane. Les lettrés eux-mêmes, quand il traitait devant eux quelque question inéressante pour leur pays, rendaient hommage à ses talents, unis à la plus grande modestie. Sa Grandeur, qui avait toujours énergiquement défendu avec une liberté toute apostolique les droits de ses chrétiens devant les tribunaux, n'était peut-être pas fort aimé de la cour et des mandarins. Toutefois, quelques années avant qu'il mourut, le roi ne pouvant lui refuser son estime lui fit remettre en grande pompe les cinq décorations de l'empire en or massif. C'est la plus haute distinction honorifique qu'il y ait, et le roi s'en montre très-avare.

Vous dire, Monseigneur, combien il aimait ses chers néophytes serait chose impossible. Lors des massacres au Tong-King, en 1874, il apprend que les payens s'ingénient à faire apostasier les chrétiens. « Quoi, s'écria-t-il, il ne suffit pas à ces tigres de tuer le corps de nos chrétiens, il faut encore qu'ils donnent la mort à leur âme ! » Et je vis cet homme si fort, et en apparence si peu sensible, sangloter et pleurer comme un enfant. La même année, alors que les incendies éclataient de toutes parts et que le sang des chrétiens coulait à flots, Mgr Gauthier prit une résolution énergique que rien ne put ébranler. S'arrachant aux pleurs des missionnaires et des chrétiens et au risque de tomber entre les mains des bandes d'assassins qui cernaient sa résidence, il voulut aller se livrer lui-même aux autorités qu'il croyait complices de ces grands attentats. Je suis déjà vieux, disait-il, leur haine assouvie par ma mort épargnera peut-être les autres. Tant de courage et de grandeur d'âme émurent les mandarins ; on lui protesta que sa personne était inviolable. Mais lui ne consentit à revenir à sa résidence que sur la promesse formelle qu'on protégerait efficacement les chrétiens contre leurs sanglants persécuteurs. Pendant cette désastreuse période, des milliers de chrétiens s'étaient réfugiés auprès de Sa Grandeur. Par ses ordres, tout le riz en réserve fut donné à ces affamés. La provision vite épuisée, il leur fit distribuer de l'argent. « Donnons, donnons toujours, disait-il ; la Providence sera notre nourrice. Et puis, si les ressources viennent à nous manquer, nous mourrons tous ensemble. » Et il terminait par ce mot qu'il avait toujours à la bouche : « *Fiat voluntas Dei !* »

Sa piété nous édifiait beaucoup. Outre ses autres exercices de piété et son bréviaire, il récitait souvent le petit office de la Sainte Vierge. Tous les jours, il tenait à faire le chemin de la croix, et il parcourait toutes les stations sans vouloir se servir d'aucun appui.

Son bonheur était d'inspirer à tous sa dévotion envers la Très-Sainte Vierge. Si le journal relatait quelque miracle dû à l'intercession de Marie, il fallait qu'il appelât tous les élèves du séminaire dans sa chambre pour leur raconter le prodige. Bien souvent, l'émotion le gagnait, et il avait peine à terminer son récit. Il a fait traduire en langue Annamite plusieurs miracles avérés pour en perpétuer le souvenir chez ses chrétiens.

Il avait une énergie peu commune au milieu des souffrances. Dans sa dernière maladie, une large plaie s'était formée au-dessus des jambes. Presque tous les jours, pendant un mois, il fallait pour assainir cette ulcère prendre le couteau et enlever le pus jusqu'à la chair vive. Jamais il ne sourcillait pendant cette douloureuse opération. « Je souffre bien, » disait-il, quand on lui demandait des nouvelles de sa santé ; puis il parlait d'autre chose.

L'approche de la mort ne l'effrayait pas. Comme je le savais, je n'eûs pas besoin de périphrase pour lui dire que le moment suprême n'était peut-être pas éloigné. De suite, sur son invitation, je lui administrai l'Extrême-Onction qu'il reçut avec calme et piété. Pour augmenter ses mérites, Dieu voulut qu'il vécut encore quelques mois. Au milieu de ses souffrances, il faisait de fréquentes oraisons jaculatoires. Un jour, il me dit : « l'Evangile rapporte deux paroles qui plaisent beaucoup à Dieu. La première est de saint Pierre, par laquelle il confessa la divinité de Notre-Seigneur, ce qui lui valut la suprématie dans l'Eglise. La seconde est celle du publicain qui, par son humilité, mérita son pardon. Aussi, je les réunis dans une oraison jaculatoire que je répète souvent : *Christe, Fili Dei vivi, propitius esto mihi peccatori.* » De temps en temps, il prenait plaisir à se faire lire la Passion. Plusieurs fois aussi il appelait les Annamites dans sa chambre pour y réciter à haute voix les prières du soir. Entendre la voix de ses chers néophytes lui était un rafraîchissement.

Les trois derniers jours de sa vie, il ne put rien prendre. Il permettait seulement qu'on trempât les barbes d'une plume dans un peu de lait de conserves délayé, pour en humecter son gosier desséché. Quand il eut perdu l'usage de la parole, ses yeux allaient du crucifix à l'image de la Sainte Vierge placés dans sa chambre. Le 8 décembre 1877, Sa Grandeur rendait son âme à Dieu.

Au Tong-King, c'est la coutume étrange de préparer sa bière d'avance; et le plus beau présent que des enfants puissent faire à leurs parents aux premiers jours de l'an chinois, c'est un cercueil aussi riche et solide que possible. Aussi quelques années avant la mort de notre vénéré prélat, les prêtres indigènes, à son insu toutefois, lui avaient préparé un cercueil fait de bois incorruptible et recouvert à l'extérieur d'un enduit de laque rouge. Les armes de Sa Grandeur et ses insignes étaient peints de chaque côté en or véritable, avec un caractère chinois dont le sens était : *nous vous souhaitons longue vie*; c'est-à-dire la vie éternelle. Outre l'affluence des chrétiens qui fut considérable, plusieurs hauts dignitaires du royaume tinrent à honorer de leur présence les obsèques de Sa Grandeur.

II

Mgr Gauthier est sans contredit une des plus nobles et des plus saintes figures qui honorent les annales de l'Église au Tong-King. Mais une pensée serre le cœur. Tant d'œuvres qu'il a fondées au prix de si grands labeurs ne sont-elles pas à la veille de s'écrouler ? Les ressources manquent à Mgr Croc pour les soutenir. Il me semble que du haut du ciel Mgr Gauthier, en voyant de si grands désastres causés par la famine dans sa chère mission, fait un appel pressant aux cœurs généreux de ses compatriotes. Sensible à cet appel, le diocèse de Saint-Claude, clergé et fidèles, tiendra à ne pas laisser périr l'œuvre de Mgr Gauthier qui est sa gloire aussi bien que la sienne.

Les annales du Tong-King font rarement mention d'un mouvement aussi prononcé qu'à présent vers notre sainte religion. Les villages qui naguères nous ont le plus persécutés sont les premiers à vouloir s'enrôler sous la bannière du Christ. Que nous serions heureux de tirer d'eux la plus noble vengeance en les convertissant ! Et c'est par milles que les payens demandent à s'instruire. Mais ou prendre le riz nécessaire pour les soutenir un peu pendant le temps de leur préparation au baptême. Pourquoi faut-il que ce qui ordinairement fait le bonheur du missionnaire, devienne aujourd'hui son tourment ! Comment se résigner faute de ressources pécuniaires à ajourner indéfiniment tant de conversions si faciles et si sûres ? Que ne pouvons-nous au moins espérer que ces payens ainsi ajournés viendront plus tard nous redemander le baptême ! Mais non, vienne l'an prochain une meilleure moisson et ce peuple léger s'éloignera de nous, la plus grande partie pour toujours. Il faut donc saisir l'occasion au vol. Que les ressources abondent, et ces âmes amenées d'abord vers nous par un principe naturel, mais instruites peu à peu par le missionnaire, transformées ensuite par la grâce du baptême, et enfin cultivées avec un soin spécial pendant quelques années deviendront infailliblement de solides chrétiens. Combien de villages payens autrefois et chrétiens fervents aujourd'hui n'ont pas d'autre origine que celle-là ! A la vue de si belles espérances sur le point d'être déçues, je comprends ce qu'écrivait naguères en France un de mes confrères : « Si jamais j'ai désiré être riche, assurément c'est à présent. Avec un peu d'or, j'achèterais des âmes à mon Dieu. »

Ce quinous contriste encore, c'est que, malgré nos exhortations' nos néophytes poussés par la faim vendent leurs enfants à des étrangers. Il est vrai qu'on vient aussi nous offrir des enfants. A chaque instant le missionnaire est assiégé : « Père, voulez-vous de mon enfant pour dix, pour quinze francs? Je ne puis plusle nourrir et je meurs de faim. » Le P. Pineau écrivait dernièrement qu'à lui eul il avait acheté plus de quatre cents de ces enfants payens.

Mais Mgr Croc ne lui permet plus d'en acheter davantage avant qu'il ne nous arrive des ressources. Car une fois admis chez nous, il faut songer à les nourrir. Le P. Pédémon, en convalescence à Hong-Kong, me disait il n'y a pas longtemps : « Je ne puis retrouver sur les jonques des chinois nos annamites qui leur ont été vendus. Du reste, avec quoi pourrai-je les racheter ? »

En temps ordinaire, les prêtres indigènes élèvent quelques enfants pour les placer ensuite au petit séminaire. Maintenant qu'ils sont dans la misère, ils les renvoient à Mgr Croc qui à son tour les congédie chez eux. Le P. Robert, chargé du petit séminaire, ne peut voir sans la plus grande tristesse des enfants qu'il a instruits et dirigés lui-même, s'éloigner de lui pour périr peut-être de misère dans leur famille. Que de travaux et de peine perdus! Que de temps et de soins il faudra, pour élever une autre génération de catéchistes !

Vous voyez, Monseigneur, combien l'extrême pénurie où nous sommes entrave toutes nos œuvres. Mais votre diocèse après avoir fourni de si saints et si pieux missionnaires, tiendra à honneur de soutenir par ses aumônes leurs travaux qui sans cela resteraient sans fruits ou pour le moins incomplets. Saint-Claude, à l'exemple des églises naissantes qui, aux premiers temps du Christianisme, se soutenaient mutuellement, viendra en aide à sa petite sœur du Tong-King. Cette aumône portera bonheur. Elle sera la source de persévérance pour les bons et de conversions pour les pécheurs. Elle fera naître un peu de joie dans le cœur des affligés, ou obtiendra de Dieu telle ou telle grâce longtemps sollicitée et attendue jusqu'ici.

Cette lettre et ses détails sont peut-être trop longs, Monseigneur.

Mais le nom saint et chéri de Mgr Gauthier me fera trouver grâce aux yeux de votre Grandeur.

Daignez agréer, etc.

T. Frichot,
Provicaire apostolique.

LA FAMINE AU TONG-KING MÉRIDIONAL

Une lettre de M. T. Frichot aux *Missions catholiques* (16 mai 1879), dans laquelle le Provicaire de Mgr Croc rend compte de l'état du vicariat du Tong-King méridional, donne d'abord de consotants détails sur les résultats déjà obtenus et sur le bien qui se prépare. Le séminaire compte plus de 100 élèves ; une riche moisson semble blanchir en plusieurs endroits, qui fait tressaillir de joie le cœur du missionnaire. Mais à cette joie se sont mêlées jusqu'ici bien des tristesses : la mort en particulier n'a cessé depuis 1875 d'éclaircir les rangs des missionnaires, et une nouvelle épreuve, la plus grande de toutes, pèse à cette heure sur le Vicariat.

Dieu, dont les desseins sont impénétrables, permit que la famine vint s'ajouter à tant de tristesses. Cette famine est arrivée graduellement ; mais, aujourd'hui, on peut dire qu'elle est extrême. Elle a été causée d'abord par une sécheresse inaccoutumée, qui a fait périr le riz encore en herbe, ensuite par d'effroyables inondations qui emportaient les rizières ou les submergeaint. Chaque année, il est vrai, il y a des inondations au Tong-King. Quand elles arrivent régulièrement et ne sont pas excessives, loin d'être un fléau, elles sont plutôt un bienfait ; car le riz ne peut croître et mûrir que dans l'eau. Mais, quand elles surviennent à l'improviste, qu'elles sont trop fortes ou que les eaux s'écoulent trop lentement, alors c'est la désolation et la mort.

A la fin de l'année 1877, les récoltes furent plus que médiocres ; de là, un malaise général. Toutefois, il faut si peu au sobre Annamite pour vivre, qu'on n'eût pas à déplorer une grande mortalité ; et puis, espérant que la prochaine récolte serait meilleure, on s'ingénia de mille manières pour se soutenir jusqu'à ce terme. Vain espoir ! la récolte du cinquième mois fut à moitié perdue. « De plus, écrivait alors Mgr Croc aux directeurs du séminaire des Missions-Etrangères, les taxes, les corvées, les impôts, qu'on semble vouloir augmenter à mesure que les ressources diminuent, ont rendu le sort des chrétiens bien digne de pitié. » Depuis cette époque, la famine est toujours croissante, et on ne compte plus les morts. » Le riz a triplé de prix, écrit encore Mgr Croc ; impossible de s'en procurer dans le pays. Il faut aller en chercher dans la province de Ninh-Binh et dans celle du Thanh-Hoa. Notre caisse est à sec. Des bandes de voleurs s'organisent et brûlent les maisons pour piller plus facilement. La nuit, on entend les cris des fermiers qui appellent au secours. Les autorités font la sourde oreille. C'est ainsi que, ces derniers jours (décembre 1878), près de cinq cent maisons ont été incendiées. »

Un malheur en entraîne souvent un autre. Naturellement, les Annamites sont fort attachés à leurs enfants et ne se séparent d'eux qu'á la dernière extrémité. Mais, irrités par la faim, quelques chrétiens eux-mêmes en sont venns à vendre leurs enfants aux marchands chinois qui spéculént sur la misère publique pour se livrer à cet infâme trafic. Une lettre toute récente m'apprend que, dans la seule localité de Cua-Lo, quatorze enfants ou jeunes gens ont été ainsi livrés aux Chinois. Pauvres enfants ! les voilà perdus pour l'âme et pour le corps. Si nous avions assez de ressources, nous aiderions davantage nos chrétiens qui ne seraient pas réduits à une telle extrémité. Puis nous pourrions acheter bon nombre d'enfants païens ; élevés chrétiennement et placés dans d'excellentes familles, ils augmenteraient le nombre des adorateurs du vrai Dieu. Mais, actuellement, il faut renoncer à ce projet; car à peine avons-nous ce qu'il faut pour entretenir le personnel strictement nécessaire. « Nous sommes obligés, dit Mgr Croc, de rationner nos pauvres petits élèves du séminaire, et, si nous ne recevons pas quelques secours, forcément nous devrons les congédier. » Le mouvement des païens vers notre sainte religion qui, depuis trois ans, est vraiment prodigieux, s'est encore accéléré d'une manière étonnante à l'occasion de la famine. Dix mille païens, nous annonce Mgr Croc, demandent la grâce du baptême, et il nous faut les ajourner ! Si les ressources correspondaient aux besoins, nous aurions plus de conversions en une seule année qu'il n'y en a eu dans les vingt dernières années. Mais il est indispensable que nous donnions quelques poignées de riz aux païens qni demandent à étudier la doctrine. Même en temps ordinaire, les Annamites sont si pauvres pour la plupart, qu'il leur faut chaque jour gagner le pain de la journée. Si l'on veut qu'ils consacrent une partie de leur temps à entendre les instructions préparatoires au baptême, ils doivent interrompre le travail qui les fait vivre. Il est donc de toute nécessité de pourvoir à leurs besoins les plus urgeants. La pensée que le manque de ressources va être un obstacle à tant de conversions, brise le cœur de l'apôtre et de tous ceux qui brûlent de l'amour de Dieu.

Vous voyez, par ce simple exposé, combien triste est notre situation. La mort enlève nos confrères, lorsque le besoin d'ouvriers apostoliques est si pressant; la famine étend partout ses ravages; enfin, notre extrême pénurie nous empêche de seconder efficacement le mouvement des païens vers notre sainte religion. Toutefois, quelque brisé que soit notre cœur, nous ne perdons pas courage; loin de là! Dieu aidant, il grandira en raison même des difficultés. Nous comptons principalement sur la protection de Marie. Marie ne délaissera pas ce peuple d'Annam, où elle compte tant et de si dévoués serviteurs. Quelques faits donneront la preuve du tendre amour de nos chrétiens envers la sainte Vierge.

En 1872, alors que les chrétiens n'étaient pas dans l'extrême misère, chacun voulut me donner une obole, si minime qu'elle fût, pour élever un oratoire à la Reine du Ciel. Plusieurs païens de la province de Nghê-An voulurent même participer à cette œuvre pieuse, et, maintenant, ce modeste mais gracieux monument, avec ses blanches tourelles, fait l'admiration des chrétiens et augmente encore leur piété envers Marie. Quel bonheur pour nous quand nous voyons les villages environnants, ayant à leur tête le curé indigène, venir en procession solennelle au sanctuaire de Marie pour lui demander, avec une confiance toute filiale, des grâces pour leur âme, ou bien la cessation de la famine ou de la peste! Un jour, un chrétien de Nga-Ba m'apporta sa légère offrande pour la sainte Vierge: « — Père, me dit-il, l'enfant de mon voisin était malade. Je conseillai aux parents de s'adresser à Marie; moi-même j'allai visiter l'oratoire, et je fis vœu, si l'enfant revenait à la santé, de contribuer à l'ornementation de la chapelle. La grâce sollicitée a été obtenue, et je viens acquitter ma promesse. » Des points les plus éloignés de la mission, on accourt pour vénérer ce sanctuaire que la Reine du Ciel semble affectionner d'une manière toute particulière. Il y a six ans environ, Mgr Gauthier, désirant mettre la mission des sauvages, œuvre encore naissante, sous la protection de la Mère de Dieu, voulut que le premier sauvage converti, appelé Paul, comme je vous l'ai dit plus haut, fut baptisé dans la chapelle de la Sainte-Vierge. N'est-ce pas un bon augure pour toutes nos œuvres? O Marie! Reine des apôtres, Consolatrice des affligés et Refuge des chrétiens, de grâce, venez à notre secours!

Les nouvelles données par les *Missions catholiques* du 6 juin ont un caractère sinistre. La crise de la famine est entrée dans la période aiguë et les victimes se content déjà par centaines.

« Il y a quelques jours, écrivait M. Beyssac en février dernier, on m'a assuré que, dans un canton de Dong-Than, il y avait déjà plus de 500 personnes mortes de faim, sans parler de celles qni meurent tous les jours de maladies engendrées par la famine. Et cependant, de toute notre mission, c'est peut-être le Dong-Than qui a été jusqu'ici le moins ravagé par le fléau.

« Les chrétiens accourent en foules énormes à la résidence de notre vénéré vicaire apostolique, Mgr Croc, et il nous devient impossible de les empêcher de pénétrer jusque dans l'intérieur de notre communauté. Les distributions que nous leur faisons faire ne suffisant pas pour calmer les tourments de leur faim, ils cherchent par tous les moyens à arriver jusqu'auprès de Monseigneur, de qui ils espèrent obtenir quelque chose de plus.

« Après les différents appels qui ont été faits à la charité catholique en faveur des affamés de l'Inde et de la Chine, je comprends qu'il est presque indiscret de chercher à exciter la compassion en faveur de ces nouvelles misères. Mais, d'autre part, si nous n'élevons pas la voix, des milliers de malheureux sont voués à une mort certaine, et les magnifiques espérances que l'on avait conçues pour la conversion d'un grand nombre s'évanouiront en même temps que disparaitront les œuvres déjà existantes. D'ailleurs ces Eglises naissantes ne sont-elles pas les filles de la France catholique ? Ce sont ses missionnaires qui y ont implanté la foi au prix de leurs sueurs et de leur sang ; c'est grâce à son concours dévoué que leur œuvres ont grandi ; il est donc naturel que ce soit vers elle qu'elles tournent, au moment de la détresse, leurs regards suppliants. »

Voici enfin ce que nous trouvons dans le dernier numéro des *Missions catholiques*, 27 juin 1879. C'est un appel suprême de Mgr Croc, Vicaire apostolique du Tong-King méridional, auquel il serait superflu de rien ajouter.

Jusqu'ici nous avons courageusement lutté contre la famine. Nos chrétiens, malgré leur pauvreté, ont fraternellement partagé leur pain avec les indigents. Au commencement de ce mois, nous ne comptions qu'un petit nombre de chrétiens morts de faim. Aujourd'hui, tous sont réduits à la misère, et nous sommes à bout de ressources. Les mendiants qui nous assiégent n'osent plus, pour échapper à la mort, nous demander un peu de riz ; ils nous supplient de leur donner un peu de son, comme on en donnait jadis aux pourceaux. Sur 70,000 chrétiens, 50,000 sont dans cette nécessité extrême. On compte maintenant, dans chaque village un certain nombre d'Annamites morts de faim, et tous les jours ce nombre augmente. Quantité de familles nous conjurent de recevoir leurs enfants. Des vieillards, des malades jonchent les routes et les marchés, sans que personne songe à les recueillir.

J'ai pu, à force d'instances, obtenir du gouverneur de la province un crédit de 2,000 mesures de riz, au prix, relativement modéré, de 10,000 francs. Nous avions déjà emprunté d'autre part plus de 20,000 fr. Toutes nos provisions sont épuisées, et la famine augmente.

Nos catéchistes enseignent la doctrine chrétienne dans dix-sept villages païens. Nous avons, jusqu'ici, distribué deux sous par jour, aux personnes qui suivent les instructions avec assiduité. Aujourd'hui, par suite de la rareté croissante des vivres, cette faible aumône est loin de suffire. Dans plusieurs localités on ne trouve plus de riz. Si nous avions des ressources, les conversions seraient innombrables. Mais nous n'avons plus rien. Quelle navrante situation !

Il ne me reste qu'à supplier les associés de la Propagation de la Foi qui, dans ces derniers temps, ont assisté, d'une manière si admirable, les malheureux affamés de la Chine et des Indes.

Le Tong-King méridional mérite leurs sympathies. Durant la persécution et la dispersion de 1859-1860, il a eu la gloire de voir vingt de ses prêtres et plusieurs catéchistes et chrétiens donner leur vie pour la foi. A trois reprises [1866-1868-1874] les lettrés ont promené le fer et le feu d'un bout à l'autre du vicariat, et massacré plus de 2,000 chrétiens. Ces dernières années, le choléra et la petite vérole ont fait plus de 3,000 victimes. Aujourd'hui, nos populations sont décimées par une famine affreuse. »

O Marie ! Reine des Apôtres, Consolatrice des affligés et Refuge des chrétiens, de grâce, venez au secours de la mission du Tong-King méridional.

IMPRIMATUR :

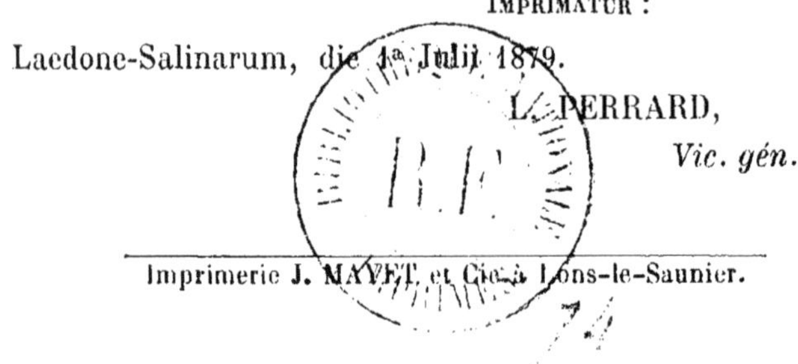

Laedone-Salinarum, die 1a Julii 1879.

L. PERRARD,

Vic. gén.

Imprimerie J. MAYET et Cie à Lons-le-Saunier.

www.ingramcontent.com/pod-product-compliance
Ingram Content Group UK Ltd.
Pitfield, Milton Keynes, MK11 3LW, UK
UKHW021929190726
13853UKWH00002B/937

9 782329 614328